ワタナベマキの
サッと蒸し、
ほっこり蒸し

NHK出版

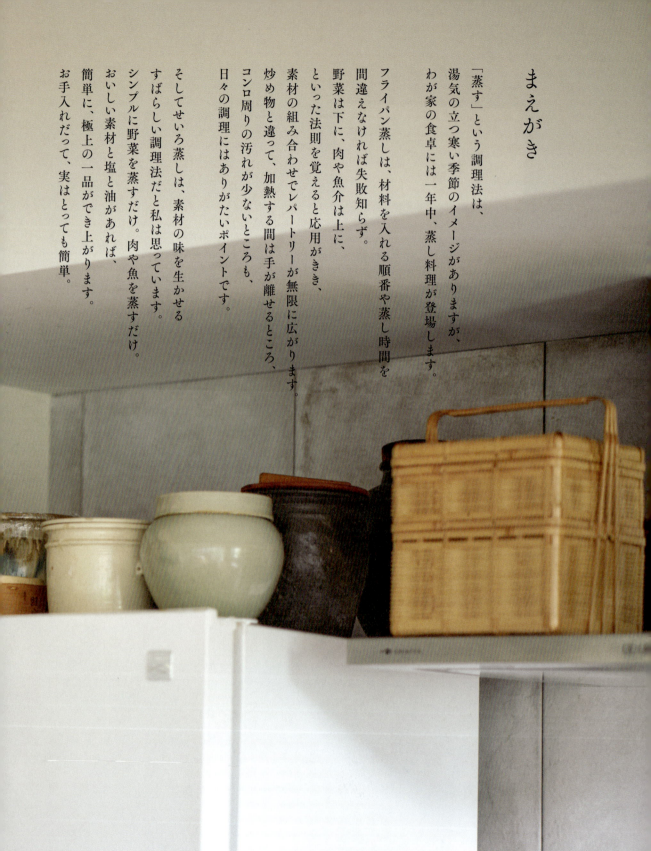

まえがき

「蒸す」という調理法は、湯気の立つ寒い季節のイメージがありますが、わが家の食卓には一年中、蒸し料理が登場します。

フライパン蒸しは、材料を入れる順番や蒸し時間を間違えなければ失敗知らず。野菜は下に、肉や魚介は上に、といった法則を覚えると応用がきき、素材の組み合わせでレパートリーが無限に広がります。炒め物と違って、加熱する間は手が離せるところ、コンロ周りの汚れが少ないところも、日々の調理にはありがたいポイントです。

そしてせいろ蒸しは、素材の味を生かせるすばらしい調理法だと私は思っています。シンプルに野菜を蒸すだけ。肉や魚を蒸すだけ。おいしい素材と塩と油があれば、簡単に、極上の一品ができ上がります。お手入れだって、実はとっても簡単。

せいろや蒸し器をしまい込んでいる人は、
ぜひ取り出して活用してください。
この本で初めに紹介しているのは、わが家で人気のレシピです。
ハレの日も、ふだんの日も、
あらゆる場面で蒸し物が活躍していることを
おわかりいただけると思います。
季節の素材の蒸し物は、定番から遊び心を加えたレシピまで
幅広く、たっぷり掲載しました。

蒸し料理はおいしい！
楽しい！
ありがたい！
そう感じていただける
一冊になれば、うれしいです。

ワタナベマキ

目次

まえがき 2

- フライパンで サッと蒸し 6
- 基本の蒸し方 ① フライパンで ほっこり蒸し 8
- 基本の蒸し方 ② せいろ蒸し 8
- 基本の蒸し方 ③ 直蒸し（地獄蒸し） 10
- 蒸し物をおいしく、安全に！

うちで人気のベスト10

- 蒸し鶏のレモンしょうがだれ 12
- れんこんシューマイ 14
- 長芋の明太子蒸し 16
- 大根と鶏ひき肉の重ね蒸し 18
- 春キャベツと豚肉のあさり蒸し 20
- スペアリブと青菜の豆豉（トーチ）蒸し 22
- 新にんにくの丸ごと蒸し 24
- 韓国風卵蒸し 26
- 黒豆のシロップ漬け 28
- 〈大人味にアレンジ！〉黒豆ときんかんのラム酒あえ 29
- 朝ごはんセット 30

秋冬の旬を蒸す

- たまねぎの丸ごと包み蒸し 32
- 厚切り大根の昆布蒸し 34
- さつまいもの梅蒸し 36
- かぼちゃのバターベーコン蒸し 37
- レタスのごま柚子蒸し 37
- いろいろきのこのアンチョビ蒸し 38
- ブロッコリーのクタクタ蒸し 39
- にんじんと牛肉のコチュジャン蒸し 40
- れんこんと牛肉の豆板醤（トーバンジャン）蒸し 41
- 大根と豚肉の黒酢オイスター蒸し 42
- 白菜と豚肉のミルフィーユ蒸し 44
- 里芋と豚肉のみそ蒸し 46
- ゆり根だんごとかぶの梅蒸し 47
- かき、小松菜、ねぎの柚子オイル蒸し 48
- ぶりの柚子みぞれ蒸し 50
- たらとカリフラワーのバター蒸し 52
- さけとじゃがいもの豆板醤蒸し 54
- 蒸し豆腐 55
- 厚揚げとせりのカレー蒸し 56
- 58

使用する調理道具はマークを確認！

フライパン蒸し、または直蒸し
直径24〜26cmのフライパンに隙間なくピッタリと閉まるふたを合わせて使用しています。

せいろ蒸し
主に直径24cmのせいろを使用していますが、3〜4人分を器ごと蒸す場合は、直径30cmのものを使うと安心。

鍋で重ね蒸し、または直蒸し
フライパンよりも深さが必要な蒸し物の場合は、直径20cmくらいでふた付きの厚手の鍋を使用しています。

蒸し鶏が便利！

- フライパン蒸し鶏 … 60
- ささ身の塩こうじ蒸し〈フライパン蒸し鶏で〉 … 62
- 蒸し鶏のプロバンス風 … 60
- きゅうりと蒸し鶏のレモンマリネ〈ささ身の塩こうじ蒸しで〉 … 64
- 蒸しささ身と卵焼きのお弁当 … 62
- 蒸しささ身のにゅうめん … 64

春夏の旬を蒸す

- 丸ごとピーマンのオリーブ蒸し … 66
- アスパラガスの桜えび蒸し … 68
- 蒸し枝豆 … 69
- 米なす蒸しのバターじょうゆ … 70
- 夏野菜のビネガー蒸し … 71
- そら豆の茶碗（わん）蒸し … 72
- なすの肉巻き蒸し … 74
- 春キャベツと豚肉の梅蒸し … 76
- レタスと豚肉の黒酢オイスター蒸し … 76
- ピーマンと豚肉のしょうがオイスター蒸し … 77
- とうもろこしと鶏肉の粒マスタード蒸し … 78
- なす、トマト、豚ひき肉の重ね蒸し … 79
- ゴーヤーの肉詰め蒸し … 80
- えびのジンジャー蒸し … 82

column せいろがあれば……

- お赤飯 … 86

おやつも蒸して

- 蒸しフルーツ … 90
- 蒸しパン … 92
- 豆乳プリン … 94

この本の使い方

- この本で使用している計量カップは200ml、計量スプーンは大さじ1＝15ml、小さじ1＝5mlです。1ml＝1ccです。
- 材料表の下のエネルギー、塩分は、特にことわりのないかぎり、およその1人分の数値です。時間はおよその調理時間です。
- この本で使っている「だし」は、特にことわりのないかぎり、昆布・かつお（はく）風味のだしです。
- 加熱調理の際にオーブン用の紙、不織布タイプの紙タオル、アルミ箔を使用する場合は、使用説明書に記載の耐熱温度などを確認のうえ、正しくお使いください。
- 調理したあと、フライパンやせいろから料理を取り出す際は、必ず鍋つかみなどを使用し、やけどに注意してください。
- 保存に使う保存容器は、消毒したものをお使いください。

※この本は『NHKきょうの料理』テキストをもとに、新しい料理を加え、再編集したものです。放送用テキストではありません。

フライパンで サッと蒸し

2〜3人分のおかずなら、直径24〜26cmの
フライパンで。ピッタリとふたをして火にかけると、
食材のもつ水分、食材に加えた水分が
蒸気となって全体に回り、短時間でしっとり、
ふっくら蒸し上がります。焦げつきにくく、
味もなじみやすく、炒め物より簡単です。

基本の蒸し方 ― ❶ フライパン蒸し

1. 野菜を広げ入れる

均一に火が通るよう、材料は広げて入れます。レシピにもよりますが、基本は野菜をいちばん下に。

2. 肉や魚介を重ねる

野菜の上に肉や魚介などを広げて重ねると、加熱する間にうまみが全体に回ります。

鍋でも！

底面の広い鍋でも、フライパンと同様に蒸せます。ピッタリとふたが閉まる、厚手の鍋がベター。

火加減に注意

蒸す素材にもよりますが、通常、最初は強めの中火か中火。中身が煮立って蒸気が出たら、焦げつかないように火を弱めて蒸します。

3. 調味料を回しかける

味出しの素材や濃度のある調味料は、肉や魚介の上に（写真右）。液体の調味料や水は、全体に回しかけます（写真左）。

4. ふたをして蒸す

蒸気を逃さないように、ピッタリとふたをして蒸します。

せいろ&フライパンで ほっこり蒸し

基本の蒸し方 ❷ せいろ蒸し

1. せいろをサッとぬらし、オーブン用の紙を敷く

せいろは水でぬらすと焦げにくくなって、安心。オーブン用の紙は、外にはみ出しすぎないように注意。

2. 材料を入れる

蒸気が均一に回るように、材料は広げて入れます。汁けのあるものを蒸すときは耐熱の器に入れて、せいろに直接のせます。

基本の蒸し方 ❸ 直蒸し（地獄蒸し）

1. フライパンや鍋に紙タオルや布巾を敷く

加熱する間に器がカタカタと動かないよう、不織布タイプの紙タオルや布巾を敷いておきます。

2. 材料を入れた器をのせ、水を注ぐ

耐熱の器に材料を入れて1にのせ、器の周りに水を注ぎます。器の中に水が入らないように注意して。

鍋やフライパンに湯をたっぷりと沸かして
その蒸気で素材にやさしく火を通す、
昔ながらの蒸し物。せいろや蒸し器を使わず
材料を入れた器の周りに水をはって加熱する、
手軽な「直蒸し（地獄蒸し）」の方法も紹介します。

> **常に強火で！**
> 鍋の湯が沸き、蒸気が上がっている状態をキープするため、強火で加熱します。途中で湯の量をチェックして、少なくなっていたら足しましょう。

4. せいろをのせて蒸す

蒸し板があると便利！

ふたをしたせいろを鍋にのせて蒸します。専用の鍋ではない場合は、せいろと鍋の間に蒸し板をはさみましょう。

3. 鍋に湯をたっぷり沸かす

上にのせたせいろに蒸気をしっかりと上げるため、鍋に水をたっぷりと入れ、強火でグラグラ沸かします。

> **オーブン用の紙で**
>
> 器のかわりにオーブン用の紙に材料をのせたり包んだりして、その周りに水を注いで蒸しても。

3. ふたをして蒸す

ピッタリとふたをして強めの中火か中火にかけ、湯が沸騰したら火を弱めて蒸します。途中、湯が少なくなったら足して。

やけどに注意

フライパンやせいろの中にこもった蒸気や水滴はとても熱いので、ふたを開けたとき顔や手に浴びないように注意して。また、せいろや器を持つときはやけどをしないように、必ずオーブン用のミトンや鍋つかみなどを使いましょう。

蒸し物をおいしく、安全に！

器のサイズに注意

フライパンやせいろにギリギリ入る大きさの器を使う場合は、あらかじめ布巾や手ぬぐいを敷いておき、蒸し上がったら布巾ごと取り出すと安全です。また、直蒸しにする器は浅すぎると水が中に入りやすく、深すぎるとフライパンのふたが浮いてしまうので、材料を入れる前に確かめて。

1. フライパン（せいろ）に布巾を2〜3つに折って敷き、器をのせる。

2. 蒸す間に布巾が火の上に落ちないように、ふたの上でしっかりと結ぶ。

3. 蒸し上がったら、布巾ごと器を持ち上げて取り出す。

水滴に注意

茶碗蒸しやプリンなどを直蒸し（P.8）にするとき、ふたについた水滴が食材に落ちると、表面に穴ができたり、水がたまってしまうことも。水滴がつかないように、ふた全体を布巾で包んでおきましょう。その場合も上記2と同様、布巾が火の上に落ちて燃えないように、ふたの上でしっかりと結びます。

うちで人気のベスト10

日々、繰り返しつくるお総菜あり、ここぞという日に欠かせないごちそうあり。一年中、いつ食べてもおいしいものあり、旬の時季ならではのお楽しみもあり。うちの蒸し物といったら、まず頭に浮かぶ自慢の10品をご紹介します。

第 **1** 位
蒸し鶏の
レモンしょうがだれ

皮に穴を開けておくと下味がよくしみ、火が通りやすくなります。

ブロッコリーは火を止める3分前に加えて。

たれも鶏肉と一緒にせいろで温めましょう。

材料（3〜4人分）
鶏もも肉　2枚（500g）
ブロッコリー　1/3コ
レモンしょうがだれ
　しょうが（すりおろす）　1かけ分
　レモン汁　大さじ2
　ごま油　大さじ1
　塩　小さじ1/2
● 酒・塩

● 300kcal　● 塩分1.2g　● 20分*

*鶏肉を常温に戻す時間は除く。

1 | 鶏肉は冷蔵庫から出して常温に戻し、余分な脂を除く。厚い部分に切り目を入れて開き、厚さを均一にする。皮側にフォークで数か所に穴を開け、酒大さじ2をもみ込んで塩少々をふる。

2 | ブロッコリーは小房に分ける。レモンしょうがだれの材料は小さめの耐熱容器に入れ、よく混ぜる。

3 | せいろにオーブン用の紙を敷き、1の鶏肉を重ならないように広げ入れる。あいているところにレモンしょうがだれの器を入れ、ふたをする。

4 | たっぷりの湯を沸かした鍋に3をのせ、強火で6分間蒸す。ブロッコリーを加えてさらに3分間蒸し、鶏肉に火が通ったら火を止めて、そのまま5分間ほど余熱で蒸らす。食べやすく切って取り分け、レモンしょうがだれ適量をかける。

この蒸し鶏、いったい何度つくったことでしょう。手ごろな鶏もも肉も、せいろで蒸すとこんなに豪華。季節によって合わせる野菜やたれを変えれば、バリエーションが広がります。蒸し上がりをすぐに切り分けるのではなく、火を止めてからしばらくおいて肉汁を落ち着かせると、ジューシーなおいしさが味わえますよ。

かける手間や時間は同じですから、「余るかな？」と思っても、一度に2〜3枚蒸すのが得策。冷蔵庫で3〜4日間保存がきくので、炒め物や親子丼などにも活用できて重宝します。表の顔は「ごちそう料理」でありながら、実は「お助け料理」でもあるんです。

家庭用のシューマイの皮は小ぶりなものが一般的なのですが、大判サイズが手に入ったときは腕が鳴ります。ここぞとばかりに角切りのれんこんをたっぷりと入れて、ボリュームアップ。ひき肉とたまねぎだけのムッチリとした肉シューマイも魅力的ですが、蒸したれんこんのホクホク感が加われば無敵のおいしさです。れんこんは皮ごと刻んでいるので、ところどころに歯ざわりのサクッとした部分も残り、程よいアクセントに。

普通サイズの小さいシューマイの皮を使うときは、れんこんを気持ち小さめに刻んでおくと、皮が破れにくくて包みやすいですよ。

1 | れんこんはたわしでこすって洗い、皮ごと5mm角に切る。水にサッとさらし、紙タオルで水けを押さえる。たまねぎはみじん切りにする。

2 | ボウルにひき肉を入れ、Aを加えてよく混ぜる。粘りが出たら1を加え、さらによく混ぜる。

3 | 2を15〜18等分にしてシューマイの皮で包む。オーブン用の紙を敷いたせいろに間隔をあけて並べ、ふたをする。

4 | たっぷりの湯を沸かした鍋にのせ、強火で15分間蒸す。好みで練りがらしや酢じょうゆをつけて食べる。

材料(3〜4人分)
シューマイの皮　(大)15〜18枚*
豚ひき肉　250g
れんこん　200g
たまねぎ　½コ(100g)
A│しょうゆ・紹興酒(または酒)・片栗粉
　│　各大さじ1
　│塩　小さじ½
練りがらし　適宜
●酢・しょうゆ

●240kcal　●塩分1.5g　●30分

*普通サイズの皮の場合は25〜30枚。

片方の親指と人さし指で輪をつくって皮を1枚のせ、中央に肉ダネをたっぷり押し込んで。

れんこんどっさり。

第2位 れんこんシューマイ

無理に詰め込まず、間隔をあけて並べます。入りきらなければせいろを2段にするか、2回に分けて蒸しましょう。

さらにその上にも肉ダネを広げながら、てっぺんまで追加！

蒸す間に皮が開かないよう、キュッと絞ってくびれをつくります。

第3位 長芋の明太子蒸し

長芋は、生でよし、加熱してよし、皮ごとでも食べやすく、日々のおかずづくりに役立つ頼もしい存在です。そんな長芋に組み合わせたもう一つのお助け食材が、からし明太子。ほぐして酒や油と混ぜ合わせれば、具を兼ねた万能調味料となり、野菜の蒸し物や炒め物を立派な主菜に仕上げてくれるんです。忙しいとき、このコンビのフライパン蒸しには何度も救われたことでしょう。

火にかけて煮立ってからの蒸し時間は、たった2分間。長芋はたたいてランダムに割るのでシャキッとしたところ、ホクッとしたところがあり、明太子ソースがトロリとからみます。ちょっと変化をつけたいときは、斜めに切ったセロリを一緒に蒸すのもおすすめです。

明太子に酒とごま油を加えたソースをまんべんなく。蒸すと辛みがマイルドになります。

大きさや形が不ぞろいなほうが楽しいですよ。頑張ってつぶしすぎないこと！

材料（2〜3人分）
長芋　300g
からし明太子　1腹（60g）
A｜酒　大さじ3
　｜ごま油　大さじ2
細ねぎ（小口切り）　2本分

●170kcal　●塩分1.1g　●10分

1　長芋はよく洗ってひげ根を除く（取りにくければ、直火であぶると焼き切れる）。6〜7cm長さ、縦半分に切ってポリ袋に入れ、麺棒などでたたいて食べやすい大きさに割る。

2　明太子は薄皮を除いてボウルなどに入れ、**A**を加えて混ぜる。

3　フライパンに**1**を広げ入れて**2**を全体に回しかけ、ふたをして中火にかける。煮立ったら弱めの中火にし、2〜3分間蒸す。器に盛り、細ねぎを散らす。

大根、肉ダネ、大根、肉ダネ……、ピッタリ均等に重ねられると気持ちいいんですが！

得意のフライパン蒸しのなかでもいちばんよくつくるのが、薄切りの大根とひき肉の重ね蒸しです。フライパンの縁に沿ってグルリと重なった様子がおもしろいので、火が通ったらフライパンごとテーブルにバーン！ 大根は皮付きのまま切ってあるから、くずれにくく、取り分けやすいですよ。白くて丸いカードのような大根と肉ダネを並べていくのは、思いのほか楽しい作業です。肉ダネが多いところ、少ないところがあるのもご愛嬌(あいきょう)。ひき肉はもちろん豚でも合いびきでもよく、下味をもみ込んだこま切れ肉でも。余りがちな大根の消費にも貢献できる、経済的なおかずです。

好きな分だけ、フライパンから取っていただきます！ ご飯の上に直行しても。

材料(2人分)
大根　250〜300g
鶏ひき肉　200g

A
- ねぎ(みじん切り)　½本分(50g)
- しょうが(すりおろす)　2かけ分
- 片栗粉　小さじ2
- 塩　小さじ⅓

B
- 酒　大さじ2
- みりん・しょうゆ・ごま油　各大さじ1

七味とうがらし　適宜

● 300kcal　● 塩分2.4g　● 25分

1　大根はよく洗い、皮ごと薄い輪切りにする。

2　ボウルにひき肉を入れてAを加え、よく練り混ぜる。

3　フライパンの縁に沿って、大根1枚、2の肉ダネ適量を交互に、少しずつずらしながら重ねて並べる。同様にして中央にも並べ、全体にBを順に回しかける。

4　ふたをして中火にかけ、煮立ったら弱めの中火にして15〜20分間蒸す。好みで七味とうがらしをふる。

第4位

大根と鶏ひき肉の重ね蒸し

第5位
春キャベツと豚肉の
あさり蒸し

豚肉は、にんにくの香りを移した油で焼き目をつけてから蒸します。

キャベツの上にほかの材料をのせて蒸すと、キャベツがうまみを吸って深い味わいに。

材料(2人分)
- 春キャベツ ½コ(500g)
- 豚ロース肉(豚カツ用) 2枚(250g)
- あさり(砂抜きしたもの) 150g
- ミニトマト 8コ
- にんにく 1かけ
- A｜白ワイン 大さじ4／塩 小さじ⅓
- パセリ(みじん切り) 少々
- ガーリックトースト(下記参照) 適宜
- ●塩・オリーブ油・黒こしょう(粗びき)

●450kcal ●塩分2.1g ●20分

1 キャベツは芯をつけたまま、3cm幅のくし形に切る。ミニトマトはヘタを取る。にんにくは横に薄切りにする。豚肉は3cm幅に切り、塩少々をふる。あさりは殻をすり合わせて洗う。

2 厚手の鍋(またはフライパン)にオリーブ油大さじ1とにんにくを入れ、中火にかける。香りがたったら豚肉を加え、全体に焼き目をつけて取り出す。

3 2の鍋にキャベツを入れて2の豚肉をのせ、あさりとミニトマトを散らす。Aを加え、ふたをして中火にかけ、煮立ったら弱めの中火にして10分間蒸す。

4 ふたを外し、パセリ、黒こしょう少々をふる。好みでガーリックトーストを添える。

ガーリックトースト

材料(2人分)
- フランスパン(2cm厚さ) 4〜5枚
- にんにく ⅓かけ
- ●オリーブ油

●100kcal ●塩分0.3g ●5分

フランスパンを断面を上にして並べ、オリーブ油小さじ2をかける。オーブントースターでカリッと焼き、にんにくの断面をこすりつける。

豚肉とキャベツの蒸し物はわが家の定番中の定番ですが、これはそのごちそうバージョン。お手本にしたのは、豚肉とあさりを合わせて蒸し煮にする、ポルトガルはアレンテージョ地方の名物料理です。

豚肉とあさりの濃厚なうまみが合わさった蒸し汁を、鍋に敷き詰めたキャベツがしっかりとキャッチ。春キャベツでつくると短時間で火が通り、緑色もさえて華やかに仕上がります。冬キャベツを使うときは蒸し時間を少し長めにし、じっくり甘みを引き出します。どちらの場合も、汁けは余さずガーリックトーストに吸わせて完食！

豆豉は、中国の発酵調味料。黒豆に塩やこうじなどを加えて発酵、乾燥させたもので、みそのような香りとうまみ、強い塩けが特徴です。この豆豉が最も威力を発揮する調理法が、肉の蒸し物ではないかな、と思うのです。

明日は誰かがごはんを食べにやってくる。あるいは家族でお祝いごはん。そんなときは、刻んだ豆豉をほかの調味料と一緒に骨付き肉にもみ込んでおきます。当日は、この肉を青菜と一緒にせいろで蒸すだけ。ふたを開けた瞬間の湯気と香りはたまりません！ 見た目も豪華で失敗なし、スペシャル感満載のごちそうです。

材料（2〜3人分）
豚スペアリブ（短めのもの）　600g
小松菜　½ワ（100g）
豆豉　15g

A
にんにく（みじん切り）　1かけ分
紹興酒（または酒）　カップ¼
はちみつ・しょうゆ　各大さじ1
ごま油　小さじ2
塩　少々

●570kcal　●塩分2.0g　●35分*
＊スペアリブを冷蔵庫におく時間は除く。

1 | 豆豉は粗く刻んでジッパー付き保存袋に入れ、**A**を加えて混ぜる。

2 | スペアリブは紙タオルで水けを拭いて**1**に加え、しっかりともみ込む。袋の口を閉じ、冷蔵庫に半日〜1日おく。

3 | せいろにオーブン用の紙を敷き、**2**を重ならないように入れる。袋に残った汁をかけ、ふたをする。

4 | たっぷりの湯を沸かした鍋にのせ、強火で25分間蒸して火を通す。

5 | 小松菜を食べやすく切って**4**に加え、さらに1分間蒸す。

袋の上から肉をモミモミ。おいしくなりますように！

最初は肉だけ並べて。小松菜はすぐ火が通るので、あとから加えます。

こんな大きな骨付き肉も、柔らか〜く蒸し上がっていますよ。骨離れもスムーズ。

第6位
スペアリブと青菜の豆豉(トーチ)蒸し

第7位

新にんにくの丸ごと蒸し

とれたてをすぐに出荷する新にんにくは、乾燥させていないので、ひねのにんにくより二回りくらい大きい！

蒸す間に湯が入り込まないよう、大きく切ったオーブン用の紙でくるんで……

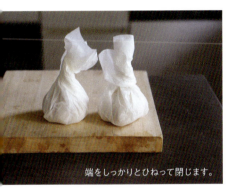

端をしっかりとひねって閉じます。

小さい食材を蒸すときは、フライパンよりも直径の小さい鍋のほうが、湯にしっかりつかります。

初、夏に出回る新にんにくは、見かけると必ず買って、丸ごとじっくり蒸したり焼いたりして楽しみます。皮付きのまま丸ごと蒸すと、お芋のようにホクホク、ねっとり、ナイフで簡単につぶせる柔らかさ。香りや辛みもやさしくて、パンに塗っても、焼いた肉につけてもおいしい、最高のペーストになります。

ひねのにんにくでも同じように……と言いたいところですが、やっぱりこれは、みずみずしい新物ならではのお楽しみなんです。「なーんだ、季節限定か！」ってがっかりされるかもしれませんが、その季節がめぐってきたら絶対に食べたいと思う食材があるって、幸せなことですよね。

材料（つくりやすい分量）
新にんにく　（大）2コ（200g）
好みのパン（薄切り）　適量
フレンチマスタード　適宜
●オリーブ油・塩

●130kcal*　●塩分1.0g*　●20分

*パン1枚分。

1 | 新にんにくは茎を切り落とし、オーブン用の紙でしっかりと包む。厚手の鍋に入れ、周りに水カップ1½を注ぎ、ふたをして中火にかける。

2 | 沸騰したら弱めの中火にし、15分間蒸す。取り出してオーブン用の紙を外し、熱いうちに縦半分に切る。すぐに食べない分は、冷ましてラップで包む（冷蔵庫で3～4日間保存可能）。

3 | パンをオーブントースターでこんがりと焼き、好みでフレンチマスタードを塗る。2の中身を1かけ分ずつナイフでつぶして塗り、オリーブ油適量をかけて塩少々をふる。

せいろ蒸しでも ▶ P.8参照

※強火で15分間蒸す。

第8位 韓国風卵蒸し

1. ピーマンはヘタと種を除き、5mm四方に切る。ハムも同じ大きさに切る。
2. ボウルに卵を割りほぐし、**A**を加えて混ぜる。**1**を加えてさらによく混ぜ、耐熱の器に入れる。
3. フライパンに不織布タイプの紙タオル（または布巾）を敷いて**2**をのせ、器が⅓ほど浸る量の水を注ぐ。
4. ふたをして中火にかけ、沸騰したら弱火にして10分間蒸す。一度ふたを開け、卵液を泡立て器でよく混ぜる。全体がモロモロとしたら、再びふたをしてさらに5分間蒸す。

材料（2〜3人分）
卵　3コ
ピーマン　1コ
ロースハム（薄切り）　50g
A｜だし　カップ¾
　　｜ナムプラー　小さじ2
　　｜砂糖　小さじ1

● 110kcal　● 塩分1.5g　● 20分

目下の楽しみは、一日の終わりの韓国ドラマ視聴。仕事仲間にも韓流ファンがたくさんいるので、最新作から過去の名作まで、おすすめ情報には事欠きません。登場人物たちの食事シーンも話題にのぼり、今までも想像（妄想）でいろいろな料理を再現してきましたが、「ケランチムもつくれる？」という要望に応えてトライしたのがこの卵蒸しです。

本来は、トゥッペギという黒い鍋のような器を直火にかけてつくるスフレのような卵料理。まったく同じようにつくるのは難しいので、潔くアレンジしてみたところ、「別物だけどおいしい！」と好評をいただきました。韓国風のだしの素のかわりにナムプラーを加え、ハムから出るうまみも利用したところが私流。ケランチムとは違うけど、韓国のどこかでこんな茶碗蒸しを食べているイケメンが……いるかも？

「す」が入って残念？
いえいえ、これでいいんです。

ケランチムをまねて、加熱途中でかき混ぜて空気を含ませます。湯気が熱いので、いったん火を止めてもいいですよ。

蒸し方は、茶碗蒸しやプリンと同じ。途中で混ぜるので、せいろよりフライパンで直蒸しにするほうがベターです。

材料(つくりやすい分量)
黒豆(乾) 200g
A│グラニュー糖 200g
 │水 カップ2

● 1600kcal(全量) ● 塩分0g(全量) ● 1時間*

*黒豆を戻す時間、余熱で蒸らす時間、味を含ませる時間は除く。

1 | 黒豆はサッと洗ってかぶるくらいの水につけ、不織布タイプの紙タオルで落としぶたをし、6～8時間おいて戻す。

2 | せいろにオーブン用の紙を敷き、水けをきった黒豆を入れてふたをする。たっぷりの湯を沸かした鍋にのせ、強火で40～50分間蒸す。

3 | 好みの堅さになったら火を止め、そのまま余熱で10～15分間蒸らす。温かいうちに清潔な耐熱の保存容器に入れる。

4 | 鍋にAを入れて弱めの中火にかけ、ひと煮立ちさせる。グラニュー糖が溶けたら、熱いうちに3に注ぎ、室内の涼しい場所に一晩(6時間以上)おいて味を含ませる。冷蔵庫で1週間保存可能。

紙タオルで落としぶたをすると黒豆の皮まで水が回り、弾けにくくなります。

食べてみて好みの堅さになるまで蒸します。途中で鍋の湯がなくならないよう、せいろの下もチェックして。

黒豆もシロップも温かい状態で合わせると、皮にしわが寄りにくく、張りのある仕上がりに。

第9位 黒豆のシロップ漬け

うちのお正月の黒豆は、甘い煮汁でコトコトと煮るのではなく、蒸してからシロップに漬けてつくります。ホクッとした歯ごたえがあって、程よい甘さ。そのままでもおいしく、洋酒やフルーツを加えたアレンジもしやすい、ナチュラルな味わいが気に入っています。

しわが寄るのは縁起がよいという説もありますが、皮が弾けてしまうのは残念なので、豆がすっかり浸るように紙タオルをかぶせて戻すことが大切。せいろで蒸す方法なら、豆同士がぶつかって皮が破れる心配もなく、煮るよりも短い時間で火が通ります。シロップに一晩漬ければ食べられますが2～3日後がおいしいので、おせちにするなら、大晦日よりも少し前につくっておきましょう。

大人味にアレンジ！

**黒豆ときんかんの
ラム酒あえ**

きんかんの甘露煮を半分に切って
黒豆のシロップ漬けと合わせ、
ラム酒を少し加えてあえました。

黒豆のシロップ漬け

第10位 朝ごはんセット

朝はとにかく忙しい！主食とおかずが同時に調理できる、せいろがあって大助かりです。家にある野菜やソーセージに、残り物のパン……、そして忘れてはならないのが卵。せいろで蒸すと、ゆでるより殻がツルリときれいにむけるんですよ。堅くなったフランスパンはモッチリ、ホカホカ。電子レンジやトースターではできない、せいろ蒸しならではのおいしさです。

1 | じゃがいもは6〜8等分に切る。さやいんげんはヘタを除く。フランスパンは食べやすく切る。

2 | オーブン用の紙を敷いたせいろに**1**とソーセージを入れる。卵はよく洗って水けを拭き、オーブン用の紙でほかの材料と仕切って入れる。

3 | たっぷりの湯を沸かした鍋にのせ、強火で10〜12分間蒸す。好みで塩・オリーブ油各適量をふって食べる。

材料（2〜3人分）
卵　3コ
ウインナーソーセージ　3本
じゃがいも　1コ
さやいんげん　8本
フランスパン（堅くなったもの）　適量
●塩・オリーブ油

●320kcal　●塩分1.4g　●15分

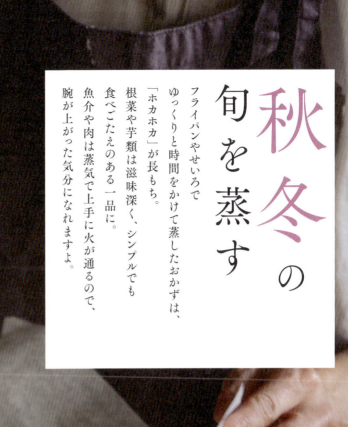

秋冬の旬を蒸す

フライパンやせいろで
ゆっくりと時間をかけて蒸したおかずは、
「ホカホカ」が長もち。
根菜や芋類は滋味深く、シンプルでも
食べごたえのある一品に。
魚介や肉は蒸気で上手に火が通るので、
腕が上がった気分になれますよ。

たまねぎの丸ごと包み蒸し

注ぐのは水です。ゆっくり温めていきますよ。

向かい側の角と角を合わせて、ギュッとひねる！

オーブン用の紙は、けちらずに大きく切って使います。

溶けたバターとおいしい汁をこぼさないように注意して……。

たまねぎを1コずつオーブン用の紙で包んで、
お風呂で温めてあげるようなイメージです。
包みの中のたまねぎは、
自身の水分で蒸されて甘みが凝縮。
バターだけでも、オリーブ油だけでも
おいしいのですが、
両方使いたくなっちゃう理由は、
食べていただければわかるかと……。

材料(3〜4人分)
たまねぎ 　（小）3〜4コ
ローリエ　 3〜4枚
● 塩・バター・オリーブ油・
黒こしょう(粗びき)

● 110kcal　● 塩分0.7g　● 25分

1 | たまねぎは上下を少し切り落とし、上側に2cm深さまで十文字の切り目を入れてローリエを1枚ずつはさむ。

2 | オーブン用の紙を大きめの正方形に切り、1を1コのせる。塩少々をふってバター5gをのせ、オリーブ油約小さじ1を回しかけて包み、端をしっかりとひねる。残りも同様にして包む。

3 | 厚手の鍋に並べ入れて周りに水カップ1½を注ぎ、ふたをして中火にかける。沸騰したら弱めの中火にし、20分間蒸す。1コずつ皿に取り出して紙を開き、黒こしょう適量をふる。

せいろ蒸しでも ▶ P.8参照

※強火で15分間蒸す。

蒸し汁はパンを浸したり、肉につけたりしてどうぞ！

1 | 大根は2.5cm厚さの半月形に切る。昆布は固く絞ったぬれ布巾で両面をサッと拭く。

2 | せいろに昆布2枚を敷き、大根を重ならないように並べてのせる。上にも昆布をのせて残りの大根を並べ、酒大さじ3を回しかけてふたをする。

3 | たっぷりの湯を沸かした鍋にのせ、強火で20分間蒸す。大根の葉をのせ、再びふたをして強火で1分間蒸す。そのままでも、好みで塩やオリーブ油各少々をふって食べても。

材料(3〜4人分)
大根　500g
大根の葉　80g
昆布(8×10cm)　4枚
●酒・塩・オリーブ油(またはごま油)

●25kcal　●塩分0.2g　●25分

厚切り大根の昆布蒸し

旬の大根はぜひ、丸ごと1本買ってください。大丈夫、大丈夫。こうして蒸せば、一度にたくさん食べられます。昆布のうまみと塩けをじんわり、しっかりとしみ込ませた、シンプルでぜいたくな食べ方です。

「昆布をこんなに？」とためらわれるかもしれませんが、蒸したあとも、だしをとったり煮物に使ったりできるので心配なさらず！

大根の葉はすぐしんなりするので、最後に加えてサッと火を通すだけ。

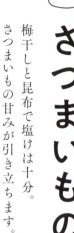

さつまいもの梅蒸し

梅干しと昆布で塩けは十分。
さつまいもの甘みが引き立ちます。

1. さつまいもはよく洗い、皮ごと1.5cm厚さの半月形に切って水にさらす。昆布は両面をサッと拭く。

2. さつまいもの水けをきって深めの耐熱の器に入れ、昆布とAを加える。梅干しを軽くくずし、種ごと加える。

3. フライパンに不織布タイプの紙タオル(または布巾)を敷いて2をのせ、器が1/3ほど浸る量の水を注ぐ。ふたをして中火にかけ、沸騰したら弱めの中火にして10～12分間蒸す。

材料(2人分)
さつまいも　1本(250～300g)
梅干し(塩分14%)　(大)2コ(40g)
昆布(3cm四方)　2枚
A | 水　カップ1½
　| 酒　大さじ2

●170kcal　●塩分2.3g　●25分

せいろ蒸しでも ▶ P.8参照

※強火で7分間蒸す。

レタスのごま柚子蒸し

ちょっと肉厚な冬のレタスを蒸してペロリ。
食感が絶妙です。

材料(2人分)
レタス (大)1/2コ(150g)
A｜ごま油　大さじ1
　｜柚子こしょう　小さじ2/3
白ごま　適量

●80kcal　●塩分0.5g　●5分

1　レタスは大きめにちぎり、深めの耐熱の器に入れる。Aを混ぜ合わせ、レタスに回しかける。

2　フライパンに不織布タイプの紙タオル（または布巾）を敷いて1をのせ、器が1/3ほど浸る量の水を注ぐ。ふたをして中火にかけ、沸騰したら弱めの中火にして2分30秒間蒸し、白ごまをふる。

せいろ蒸しでも ▶ P.8参照
※強火で40秒間蒸す。

かぼちゃのバターベーコン蒸し

ホクホクかぼちゃでも水分の多いかぼちゃでも。
バター×ベーコン味はご飯にも合います。

材料(2人分)
かぼちゃ　250g
ベーコン(薄切り)　80g
白ワイン　大さじ2
●塩・バター・黒こしょう(粗びき)

●300kcal　●塩分1.2g　●20分

1　かぼちゃはよく洗ってワタを除き、皮をところどころむいて3cm角に切る。ベーコンは細切りにする。

2　深めの耐熱の器にかぼちゃを入れて塩少々をふり、ベーコンをのせて白ワインをふる。

3　フライパンに不織布タイプの紙タオル（または布巾）を敷いて2をのせ、器が1/3ほど浸る量の水を注ぐ。ふたをして中火にかけ、沸騰したら弱めの中火にして15分間蒸す。バター10gをのせ、黒こしょう適量をふる。

せいろ蒸しでも ▶ P.8参照
※強火で7～8分間蒸す。

いろいろきのこのアンチョビ蒸し

きのこは数種類を合わせると、うまみの相乗効果でおいしさが増すといわれています。だから3種のきのこをフライパンにぎっしり。炒めるのは難しいけれど、フライパン蒸しなら手間なしです。

材料(2～3人分)
しめじ　100g
えのきだけ　100g
エリンギ　2本(80g)
アンチョビ(フィレ)　4枚(15g)
にんにく　1かけ
赤とうがらし　1本
A │ オリーブ油　大さじ2
　 │ 白ワイン・バルサミコ酢　各大さじ1
　 │ 塩　小さじ1/3
● 黒こしょう(粗びき)

●120kcal　●塩分1.3g　●15分

1 | しめじは根元を切り落としてほぐす。えのきだけは根元を切り落とし、3cm長さに切ってほぐす。エリンギは長さを2〜3等分に切り、縦に薄切りにする。

2 | アンチョビ、にんにくはみじん切りにする。赤とうがらしはヘタを切って種を抜く。

3 | フライパンに1を広げ入れて2を加え、ざっと混ぜる。Aを全体にふってさらに混ぜ、ふたをして中火にかける。煮立ったら弱めの中火にして8分間蒸し、器に盛って黒こしょう適量をふる。

パスタにからめても

ブロッコリーのクタクタ蒸し

いつものブロッコリーの食べ方に飽きたら、ぜひ試してみてください。色もくすんでクタクタですが、これがおいしい！マッシュポテトのような付け合わせとしても、パンにのせても。

材料（2人分）
ブロッコリー　1コ（300g）
にんにく　1かけ
A｜ 白ワイン・水　各80㎖
　　オリーブ油　大さじ2
パルメザンチーズ
　（すりおろす）　20g
●塩・黒こしょう（粗びき）

●220kcal　●塩分2.4g　●15分

1｜ ブロッコリーは房を1.5cm角ほどに切る。太い軸は厚めに皮をむき、粗みじん切りにする。にんにくはみじん切りにする。

2｜ フライパンに1を入れて塩小さじ2/3をふり、ざっと混ぜる。Aを回しかけ、ふたをして中火にかける。

3｜ 煮立ったら弱めの中火にして12分間蒸す。器に盛って熱いうちにパルメザンチーズ、黒こしょう適量をふる。

1. にんじんは5cm長さの細切りにする。ねぎは斜め薄切りにする。牛肉は塩少々、片栗粉小さじ2をもみ込む。

2. フライパンに1のにんじんとねぎを広げ入れ、牛肉を適量ずつ軽くまとめて、ところどころにのせる。

3. Aを混ぜ合わせて2の肉の上にかけ、ふたをして中火にかける。煮立ったら弱めの中火にし、10分間蒸す。全体を混ぜて器に盛り、白ごまをふる。

材料（2人分）
にんじん　1/3本（50g）
ねぎ　1/2本（50g）
牛切り落とし肉　200g
A ┃ しょうゆ・紹興酒（または酒）各大さじ1
　 ┃ ごま油　小さじ2
　 ┃ コチュジャン　小さじ1½
　 ┃ にんにく（すりおろす）　1かけ分
白ごま　少々
●塩・片栗粉

●360kcal　●塩分2.1g　●20分

にんじんと牛肉のコチュジャン蒸し

甘辛いコチュジャンとにんにく風味で韓国風の炒め物？……に見えますが、これも蒸し料理。肉に片栗粉をもみ込んでおくと水っぽくならず、こんなに照りよく仕上がるんです。

れんこんと牛肉の豆板醤(トーバンジャン)蒸し

こちらの味つけは豆板醤で、
パンチのきいたピリ辛おかずに。
れんこんの歯ざわりが
心地よいアクセント。

材料(2人分)
れんこん 150g
ブロッコリー 120g
牛切り落とし肉 120〜150g
A │ にんにく(すりおろす) 10g(2かけ分)
  │ 豆板醤 小さじ½
  │ しょうゆ・片栗粉 各大さじ1
B │ 酒 大さじ2
  │ 塩 小さじ⅓
  │ ごま油 大さじ1

● 330kcal　● 塩分2.7g　● 20分

1 | れんこんはよく洗い、皮ごと5mm厚さの半月形に切って水にさらす。ブロッコリーは小房に分け、縦に薄切りにする。牛肉はAを順に加えてもみ込む。

2 | 1のれんこんの水けをきり、フライパンに広げ入れる。牛肉、ブロッコリーを順に広げて重ね、Bを順に回しかける。

3 | ふたをして中火にかけ、煮立ったら弱めの中火にして10分間蒸す。ふたを取り、全体を軽く混ぜる。

肉の塊の上を目がけてたれをかけます。

42

輪切りの大根と肉をこうして重ねて蒸すのは、私の得意技（P.18も見てください）！

大根と豚肉の黒酢オイスター蒸し

フライパン蒸しでもちょっと厚めの肉を使いたいときは、合わせる大根もちょっと厚めの輪切りに。時間をかけて蒸す間に黒酢の酸味がうまみに変わり、本格中華の味わいが生まれます。

材料（2人分）
豚バラ肉（焼き肉用／4〜5mm厚さ）　200g
大根　15cm（400g）
ねぎ　½本（50g）
さやいんげん　8本（150g）
A｜にんにく（すりおろす）　1かけ分
　｜酒　大さじ3
　｜オイスターソース　大さじ2
　｜黒酢・みりん　各大さじ1
　｜ごま油　小さじ1
● 塩

● 490kcal　● 塩分3.3g　● 30分

1　大根は8mm〜1cm厚さの輪切りにする。ねぎは斜め薄切りにする。さやいんげんはヘタを落とし、縦半分に切る。豚肉は塩小さじ⅓をふって1〜2分間おき、長いものは5cm長さに切る。

2　Aは混ぜ合わせておく。

3　フライパンの縁に沿って、大根1枚、豚肉1〜2枚、ねぎ少々を交互に、少しずつずらして重ねながら並べる。中央にさやいんげんを加え、全体にAを回しかける。

4　ふたをして中火にかけ、煮立ったら弱めの中火にして20分間ほど蒸す。器に盛り、蒸し汁をかける。

オイスターソースと黒酢を合わせたたれも、私の十八番（P.76も見てください）！

あとはフライパンの中に回る蒸気におまかせです。

根元はつけたまま、葉先側から切っていき、最後に切り離すといいですよ。

白菜と豚肉の
ミルフィーユ蒸し

とにかく、白菜と豚肉を「これでもか!」というほど
ギュウギュウ詰めにしないといけません。
だから土鍋で煮るにはかなりの量が必要。
2〜3人分ならお皿に詰めて蒸すのが手軽です。
だしや水を加えないので味がうすまらず、
たれがなくてもいただけます。

倒れてバラバラにならないよう、互いに支え合ってもらいましょう。

まだまだ、まだまだ。

さあ、蒸しますよ!

材料（2〜3人分）
豚バラ肉（薄切り）　300g
白菜　1/8コ（250g）
A ┃ しょうが（すりおろす）　1かけ分
　┃ 酒　大さじ2
　┃ ごま油　大さじ1
　┃ 塩　小さじ2/3
● 塩・片栗粉

● 430kcal　● 塩分2.4g　● 25分

せいろ蒸しでも ▶ P.8参照

※強火で12分間蒸す。

1 | 豚肉は広げて塩小さじ½をふる。Aは混ぜ合わせる。
2 | 白菜は根元を切り離さずに、葉と葉の間に片栗粉を薄くまぶし、1の豚肉を1枚ずつはさむ。
3 | 2を4〜5cm幅に切り、断面を上にして、深さのある耐熱皿（直径20cmほど）にぎっしりと並べ入れる。中央に隙間があれば白菜の葉先（分量外）を詰め、Aを全体に回しかける。
4 | フライパンに不織布タイプの紙タオル（または布巾）を敷いて3をのせ、器が⅓ほど浸る量の水を注ぐ。ふたをして中火にかけ、沸騰したら弱めの中火にして15分間蒸す。

里芋と豚肉のみそ蒸し

きれいに泥を落として、すべるのにも負けずに皮をむいた里芋なのだから、
絶対絶対おいしく食べたい。それなら、蒸すのがいちばんです。
モッチリとした里芋に濃厚なみそだれがからんで、もう言うことなし！

1 | 豚肉は冷蔵庫から出して常温に戻し、3cm角に切る。塩少々をふり、片栗粉大さじ1をまぶす。里芋は皮をむいて2〜3等分に切り、塩小さじ1をまぶしてもむ。流水で洗ってぬめりを落とし、紙タオルで拭く。たまねぎは縦に薄切りにする。

2 | Aは混ぜ合わせておく。柚子の皮は水にサッとさらし、水けをきる。

3 | せいろにオーブン用の紙を敷き、1の豚肉と里芋を広げ入れる。たまねぎをのせ、Aを全体にかけて、ふたをする。

4 | たっぷりの湯を沸かした鍋にのせ、強火で15分間蒸して火を通す。火を止めてそのまま5分間ほどおき、柚子の皮、白ごまを散らす。

材料(2人分)
豚ロース肉(豚カツ用)　2枚(250〜300g)
里芋　6コ(400g)
たまねぎ　(大)1/3コ(80g)
A｜ みそ・みりん　各大さじ1 1/2
　　酒　大さじ1
　　しょうゆ　小さじ1/2
柚子の皮(せん切り)　少々
白ごま　適量
●塩・片栗粉

●510kcal　●塩分2.2g　●30分*

*豚肉を常温に戻す時間は除く。

1. ゆり根は根を切り、1枚ずつはがして洗い、大きいものは2〜3等分に切る。ねぎはみじん切りにする。
2. かぶは葉を切り落とし、よく洗って皮ごと4〜6等分のくし形に切る。梅干しは種を除き、果肉を包丁でたたく。
3. ボウルにひき肉を入れて1とAを加え、粘りが出るまでよく練り混ぜる。6等分にして丸め、オーブン用の紙を敷いたせいろに並べ、2の梅肉を等分にのせる。あいているところにかぶを加えてふたをする。
4. たっぷりの湯を沸かした鍋にのせ、強火で12分間蒸す。火を止めてかぶの葉を散らし、再びふたをしてサッと蒸らす。

材料(2人分)

ゆり根だんご
- 鶏ひき肉　200g
- ゆり根*　1コ(100g)
- ねぎ　1/3本(40g)
- A
  - しょうが(すりおろす)　1かけ分
  - 片栗粉　大さじ1
  - 酒　小さじ2
  - しょうゆ　小さじ1
  - 塩　小さじ1/3

かぶ　2コ(180g)
かぶの葉(小口切り)　適量
梅干し(塩分14%)　2コ(20g)

● 270kcal　● 塩分2.6g　● 30分

*2cm角に切った長芋150gでもよい。

直蒸しでも ▶ P.9参照

※器のかわりにオーブン用の紙にのせる方法で。紙の下に水を注ぎ、沸騰後、弱めの中火で15分間蒸す。

梅干しはゆり根だんごの上にチョンチョンとのせて蒸しますが、かぶにもつけて食べるとおいしいですよ。

ゆり根だんごとかぶの梅蒸し

肉だんごの中にしのばせているのはホクホクのゆり根。冬ならではの和の食材です。酸っぱくてしょっぱい梅干しをちょっとずつつけて、ゆり根とかぶのやさしい甘みを味わって。

かき、小松菜、ねぎの柚子オイル蒸し

うまみ豊かなかき、クッタリと煮えて甘みを増したねぎに、爽やかな柚子の香りがベストマッチ。火の通し方が難しいかきには、フライパン蒸しが最適ですよ。

1. 小松菜は5cm長さに切り、葉と軸に分ける。ねぎは斜め薄切りにする。

2. ボウルに水カップ2½と塩小さじ1を合わせて塩水をつくり、かきを入れてやさしく混ぜ、汚れを落とす。かきをざるに上げてボウルに新しく水をはり、かきを戻し入れてやさしく洗う。水けをきって紙タオルで拭き、片栗粉大さじ1½をまぶす。

3. フライパンに小松菜の軸とねぎ、かきを順に広げて重ねる。小松菜の葉をのせ、**A**を順に回しかける。

4. ふたをして強めの中火にかけ、煮立ったら中火にして8分間蒸す。器に盛り、柚子の皮を散らす。

材料(2人分)
かき(加熱用)　130g
小松菜　200g
ねぎ　1本(100g)
A ┃ オリーブ油・しょうゆ・柚子の搾り汁
　 ┃ 　各大さじ1
　 ┃ 酒　大さじ2
柚子の皮(すりおろす)　少々
●塩・片栗粉

●140kcal　●塩分2.1g　●15分

ぶりの柚子みぞれ蒸し

脂ののった旬のぶりは、みぞれ蒸しにするとふっくら、ふんわり。フライパンに蒸気をこもらせて加熱するので、くせの少ない新鮮な切り身を使うのが鉄則です。柚子の果汁や皮を加えると、爽やかな香りでさらに食べやすくなりますよ。

材料（2〜3人分）
ぶり（切り身）　3切れ（300g）
大根　300g
昆布（5cm四方）　2枚
柚子の搾り汁　大さじ1
柚子の皮　適量
白ごま　少々
●塩・みりん・酒

◉250kcal　◉塩分2.0g　◉15分*

＊ぶりに塩をふっておく時間は除く。

1. ぶりは塩小さじ½をふって15分間ほどおく。水けを拭いて半分に切り、みりん大さじ1をかけてなじませる。

2. 大根はすりおろしてざるに上げ、軽く水けをきる。ボウルに入れ、塩小さじ⅔、酒大さじ1を加えて混ぜる。

3. フライパンに昆布を敷いて**1**を並べ入れ、**2**をのせる。ふたをして中火にかけ、煮立ったら弱めの中火にして8分間蒸す。

4. ぶりを器に盛って大根おろしをのせ、柚子の搾り汁を回しかける。小さく切った柚子の皮と白ごまを散らす。

たらとカリフラワーのバター蒸し

たらと野菜の上にバターをちぎって散らし、蒸し上がったら、さらに追いバター。うまみがたっぷり溶け込んだスープも余さずキャッチできるよう、深さのある器に入れて蒸しましょう。

魚を蒸すときは、くせを抑える下ごしらえが特に大切です。

冬においしい「白い素材」が集合。

材料(2人分)
生だら(切り身)　2~3切れ(200g)
カリフラワー　1/3コ(200g)
たまねぎ　1/3コ(70g)
にんにく(薄切り)　1かけ分
A｜白ワイン　大さじ2
　｜オリーブ油　小さじ2
●塩・バター・黒こしょう(粗びき)

●220kcal　●塩分2.0g　●20分*
*たらに塩をふっておく時間は除く。

1 | たらは皮のぬめりを包丁でこそげて2~3等分に切る。塩小さじ1/3をふって10分間おき、水けを拭く。

2 | カリフラワーは小房に分け、大きければ半分に切る。たまねぎは縦に薄切りにする。

3 | 耐熱皿にたまねぎを広げ入れ、たら、カリフラワーを重ならないようにのせて、にんにくを散らす。塩小さじ1/3をふり、Aを回しかけ、バター小さじ2をちぎってのせる。せいろに入れ、ふたをする。

4 | たっぷりの湯を沸かした鍋にのせ、強火で12分間蒸す。バター小さじ2をちぎってのせ、黒こしょう適量をふる。

 ▶ P.8参照

※少し深さのある耐熱皿に入れ、周りに注いだ水が沸騰後、弱めの中火で15~18分間蒸す。

並べ方ひとつで、ごちそう仕立てに。

器が大きいので、取り出しやすいように布巾を敷いておき、ふたの上で結んで蒸しました(P.10参照)。

たらとれんこんの塩昆布蒸し

フワフワのたらとシャキシャキのれんこん。
下ごしらえを丁寧に、そして味つけをシンプルにして、
素材の持ち味を感じられる蒸し物に仕立てます。
塩昆布が程よいうまみや塩けを加えてくれますよ。

1 | たらは皮のぬめりを包丁でこそげ、塩小さじ⅓をふって10分間おく。水けを拭き、酒大さじ1をなじませる。

2 | れんこんは3mm厚さの輪切りにし、水にサッとさらして水けをきる。細ねぎは食べやすく斜めに切る。

3 | 耐熱皿にれんこんを並べ、塩昆布の半量を散らす。たらをのせ、残りの塩昆布を散らし、酒大さじ1、ごま油小さじ2を回しかける。せいろに入れ、ふたをする。

4 | たっぷりの湯を沸かした鍋にのせ、強火で12分間蒸す。細ねぎを散らす。

直蒸しでも ▶ P.8参照
※少し深さのある耐熱皿に入れ、周りに注いだ水が沸騰後、弱めの中火で15〜18分間蒸す。

材料(2人分)
生だら(切り身)　2切れ(200g)
れんこん　120〜150g
塩昆布(細切り)　6g
細ねぎ　2本
●塩・酒・ごま油

●160kcal　●塩分1.4g　●20分*
＊たらに塩をふっておく時間は除く。

たらの上下に散らした塩昆布が、上品な調味料！

ピリ辛のたれはさけの上に回しかけて蒸すと焦げつかず、全体に味が回ります。

さけとじゃがいもの豆板醤(トーバンジャン)蒸し

さけのようにパサつきがちな魚こそ、蒸し物にピッタリ。
パンチのきいたピリ辛だれをかけて蒸せば、白いご飯にもピッタリ。
「肉がよかったのに〜」なんて、もう言わせません。

材料(2〜3人分)
生ざけ(切り身) 2〜3切れ(300g)
じゃがいも(メークイン) 1コ(150g)
たまねぎ ½コ(100g)
A｜しょうが(すりおろす) 1かけ分
　｜酒 大さじ3
　｜みりん・ごま油 各大さじ1
　｜豆板醤 小さじ⅔
みつば(ザク切り) 適量
●塩

●210kcal ●塩分0.9g ●20分*
*さけに塩をふっておく時間は除く。

1 さけは塩小さじ½をふって15分間ほどおく。水けを拭き、半分に切る。

2 じゃがいもは1cm厚さの半月形に切る。たまねぎは横に薄切りにする。**A**は混ぜ合わせる。

3 フライパンにじゃがいも、たまねぎ、さけを順に広げてのせ、さけの上に**A**を回しかける。ふたをして中火にかけ、煮立ったら弱めの中火にして12分間蒸す。

4 器に盛り、みつばを散らす。

おぼろ豆腐がおすすめですが、絹ごし豆腐でもおいしいですよ。

豆腐からも水が出るので、蒸し上がりは汁けたっぷり。

蒸し豆腐

だしに浸して蒸したおぼろ豆腐は、じんわりとうまみがしみて、アツアツ。湯豆腐のようにいろいろな薬味やたれがなくても、満足できます。

材料(2人分)
おぼろ豆腐　300g
A ┃ だし　カップ½
　┃ 酒　大さじ1
　┃ 塩　小さじ⅓
すだち(輪切り)　3~4枚
白ごま　少々

● 90kcal　● 塩分1.0g　● 15分

1. 深めの耐熱の器に豆腐を入れ、混ぜ合わせたAを回しかける。

2. 深めのフライパンに不織布タイプの紙タオル(または布巾)を敷いて1をのせ、器の周りに水カップ1½を注ぐ。ふたをして中火にかけ、沸騰したら弱火にして6分間蒸す。

3. すだちを添え、白ごまをふる。

せいろ蒸しでも ▶ P.8参照
※強火で5分間蒸す。

厚揚げとせりのカレー蒸し

蒸した厚揚げは、十分、主菜にもなるコクとボリューム感。ちょっと堅めの厚揚げでもプルンと仕上がります。もちろん薬味&しょうゆでもいいのですが、きょうはカレーソースでエスニック風に。

材料(2人分)
厚揚げ 1枚(200g)
A ┌ にんにく・しょうが(各すりおろす) 各1かけ分
  │ ウスターソース 大さじ1
  │ オリーブ油 小さじ2
  └ カレー粉 小さじ2/3
せり 50g
カレー粉 少々

● 200kcal　● 塩分0.7g　● 15分

1 | 厚揚げは表面の水けを拭いて耐熱の器に入れ、混ぜ合わせたAをかける。

2 | フライパンに不織布タイプの紙タオル(または布巾)を敷いて1をのせ、器が1/3ほど浸る量の水を注ぐ。ふたをして中火にかけ、沸騰したら弱火にして8分間蒸す。

3 | せりはザク切りにする。2を火から下ろしてせりをのせ、再びふたをして1分間ほどおく。ふたを取り、カレー粉をふる。

せいろ蒸しでも ▶ P.8参照
※強火で6分間蒸す。

厚揚げが蒸し上がってからせりをのせ、ふたをして少しだけ蒸らします。

蒸し鶏が便利!

蒸し物は、材料が多くても少なくても手間はあまり変わらないので、塊肉などは一度にたくさん調理しておくのが賢い方法。特に鶏むね肉やささ身のように脂肪が少なくパサつきがちな肉は、蒸すとしっとりとして、活用範囲も広く、つくりおきにうってつけです。忙しいときに私がいつも実践している、フライパンを使った手軽な蒸し方をご紹介しましょう。

おいしく活用!

- 薄切りにしてサンドイッチに
- 食べやすく裂いてサラダやあえ物に
- 細かくほぐして麺類の具に
- 蒸し汁はスープや炊き込みご飯に

...and more!

① フライパン蒸し鶏

蒸し鶏をフライパンでつくるときは、白ワインや酒を多めに加えて火を通します。皮を食べない場合も、皮付きで蒸したほうがしっとりと仕上がりますよ。

保存 蒸し汁ごと清潔な保存容器に入れ、冷蔵庫で4～5日間。

材料（つくりやすい分量）
鶏むね肉　2枚（500g）
A ｜ 白ワイン（または酒）　カップ1
　 ｜ 塩　小さじ1
● 砂糖

● 1190kcal（全量）　● 塩分6.5g（全量）　● 15分＊

＊鶏肉を常温に戻す時間、蒸したあと冷ます時間は除く。

柔らかく蒸し上がった鶏むね肉は、好みの調味料をかけるだけでメインの一品になります。オリーブ油とプロバンス風のミックスハーブをかけて、ちょっとおしゃれな洋風仕立てに。

食べやすく切って……
蒸し鶏のプロバンス風

60

鶏肉は冷蔵庫から出して常温に戻し、厚みが均一になるように切り目を入れて開く。

余分な脂肪があれば除き、砂糖小さじ2をふって全体にすり込む。

皮側を下にしてフライパンに並べ入れる。**A**をよく混ぜて加える。

ふたをせずに中火にかけ、煮立ったら肉の上下を返す。

ふたをして弱めの中火にし、8分間蒸して火を通す。

火から下ろし、ふたをしたまま蒸らしながら冷ます。

② ささ身の塩こうじ蒸し

ささ身はサイズが小さくて量を調整しやすく、使い勝手のよい食材。塩こうじで下味をつけると柔らかく蒸し上がります。火が強すぎると焦げやすいので注意して。

保存 蒸し汁ごと清潔な保存容器に入れ、冷蔵庫で4〜5日間。

材料(つくりやすい分量)
鶏ささ身　10本(600〜800g)
塩こうじ　大さじ5

●720kcal(全量)　●塩分10.4g(全量)　●15分*

*ささ身に味をなじませる時間、蒸したあと冷ます時間は除く。

食べやすく切って……
蒸しささ身と卵焼きのお弁当

1

ささ身は筋を除いて水けを拭く。フライパンに並べ入れ、塩こうじを全体にまぶす。

2

10分間ほどおき、味をなじませる。

3

水カップ1/2を加え、ふたをせずに中火にかける。煮立ったら肉の上下を返す。

4

ふたをして弱火にし、6〜7分間蒸して火を通す。

5

火から下ろし、ふたをしたまま蒸らしながら冷ます。

たんぱく質をとりたい盛りの息子のリクエストに応えた、ヘルシーランチです。ささ身に塩味はついているので、カレー粉をふったり、七味とうがらしをふったりして変化をつけています。

（フライパン蒸し鶏で）

きゅうりと蒸し鶏のレモンマリネ

しっとりとした鶏肉とパリッとしたきゅうりのリズミカルな食感が楽しい！

材料(2人分)
きゅうり　2本(150g)
フライパン蒸し鶏(P.60参照)　1枚
しょうが(せん切り)　1かけ分
A｜レモン汁・ナムプラー　各大さじ1

●140kcal　●塩分2.9g　●5分

1 | きゅうりはピーラーで皮をしまむきにし、長さを4〜5等分に切る。ポリ袋に入れ、麺棒などで粗くたたく。

2 | フライパン蒸し鶏は皮を除き、食べやすい大きさに裂いてボウルに入れる。Aを加えてよくあえ、1としょうがを加えてサッと混ぜる。

蒸しささ身のにゅうめん

鶏肉と塩こうじのうまみがおいしい蒸し汁も利用。そうめんを加えるかわりに、汁かけご飯にしても。

材料(2人分)
そうめん　2ワ(100g)
ささ身の塩こうじ蒸し(P.62参照)　2本
ささ身の塩こうじ蒸しの蒸し汁(P.62参照)　カップ½
卵　1コ
細ねぎ(斜め切り)・すだち(輪切り)・白ごま　各適量
●酒・塩

●300kcal　●塩分3.0g　●15分

1 | ささ身の塩こうじ蒸しは細かくほぐす。

2 | そうめんは袋の表示どおりにゆでて湯をきり、流水でもみ洗いして水けをしっかりときる。

3 | 鍋にささ身の蒸し汁と湯カップ1½を入れて中火で沸かし、酒大さじ2、塩少々で味を調える。卵を溶いて回し入れ、ふんわりとしたら2を加えてサッと温める。器に盛り、1と細ねぎ、すだちをのせて白ごまをふる。

（ささ身の塩こうじ蒸しで）

春夏の旬を蒸す

春や夏の野菜は火の通りが早いので、フライパンでサッと蒸すだけでOK。みずみずしさが保たれて色も美しく、見て、食べて、元気をもらえます。メインのおかずは、薄切り肉やひき肉と合わせてスピーディーに。

丸ごとピーマンのオリーブ蒸し

旬の肉厚なピーマンは、薄切りにするよりワイルドに丸ごと加熱するほうが甘くてジューシー。塩漬けのオリーブも一緒に蒸して、ちょっとおしゃれな前菜に！

パラリとふった塩が、素材の甘みを引き出します。

お好みで、もっとクタクタに蒸してもいいですよ。

材料（4人分）
ピーマン（緑・赤）
　（大／合わせて）6〜8コ（400〜450g）
にんにく　1かけ
グリーンオリーブ　10コ
A ┃ 白ワイン　カップ¼
　┃ オリーブ油　大さじ2
　┃ 塩　小さじ⅔
● 黒こしょう（粗びき）

● 100kcal　● 塩分1.3g　● 15分

1. ピーマンは破裂しないように、1〜2か所に切り目を入れる。にんにくは縦半分に切ってつぶす。

2. フライパンにピーマンとオリーブを広げ入れ、にんにくをのせ、Aを回しかける。ふたをして中火にかけ、煮立ったら弱めの中火にして10分間蒸す。器に盛り、黒こしょう適量をふる。

種までペロリと食べられます

アスパラガスの桜えび蒸し

アスパラガスをシンプルに味わいたいときは、長いまま、
ちょっと堅めに蒸すのがおすすめ。
独特の香りがあるので、桜えびやごま油のような
香ばしい素材がよくマッチします。

1 | アスパラガスは根元を切り落とし、下側⅓の皮をむく。
2 | 桜えびはすり鉢で粗くすり、塩小さじ½を混ぜ合わせる。
3 | フライパンに**1**を並べ入れて**A**を回しかけ、**2**をふる。ふたをして中火にかけ、煮立ったら弱めの中火にして2分間蒸す。

材料(2人分)
グリーンアスパラガス
　　8本(450g)
桜えび(乾)　8g
A | 酒　大さじ3
　　| ごま油　大さじ1
●塩

●110kcal　●塩分1.6g　●10分

洋風の温野菜としていただくなら、オリーブ油でも。

粗くすった桜えびが、香ばしい調味料に。

先に酒をまぶしておくと、塩がよくからみます。

材料(4人分)
枝豆(さや付き) 200g
A [酒 大さじ1
    塩 小さじ1]

●35kcal ●塩分0.7g ●10分

敷いた紙の下に水を注いで加熱。だから水っぽくなりません。

1 | 枝豆はさやの両端を切る。

2 | オーブン用の紙をフライパンの縁まで立ち上がるくらいの大きさに切って敷き、1を広げ入れてAを順にからめる。

3 | 紙の下に水カップ1を注ぎ、ふたをして中火にかける。沸騰したら弱めの中火にして2分間蒸し、火を止めて1分間蒸らす。

少し早めに蒸し上げて、余熱で蒸らすのがコツ。どれどれ、堅さはいかがでしょう。

せいろ蒸しでも ▶ P.8参照

※強火で2分間蒸し、火を止めて1分間蒸らす。

蒸し枝豆

ゆでた枝豆とはひと味違う堅めの食感と
凝縮した豆の風味をご賞味あれ。
さやの両端を切る手間さえ惜しまなければ、
少ない塩でも十分に味がつき、
枝豆の持ち味を損ないません。

米なす蒸しのバターじょうゆ

丸々とした米なすのボリューム感を生かして、半割りをフライパンで蒸しました。これはヘルシー！……と思いながらも、バターを1かけ。やっぱりなすには油脂が合いますね。

材料（4人分）
米なす　2コ
●バター・しょうゆ

●90kcal　●塩分0.8g　●20分

1｜米なすはヘタを除いて縦半分に切り、断面に格子状に切り目を入れる。サッと水にさらし、水けをきる。

2｜オーブン用の紙をフライパンの縁まで立ち上がるくらいの大きさに切って敷き、**1**を並べ入れる。

3｜紙の下に水カップ1½を注ぎ、ふたをして中火にかける。沸騰したら弱めの中火にして15分間蒸す。

4｜器に盛り、1切れにつきバター小さじ2をのせ、しょうゆ適量をかける。

せいろ蒸しでも ▶ P.8参照

※強火で12分間蒸す。

アツアツのうちにバターをトロリ。

蒸し上がりは柔らかいので気をつけて。

食べやすいように、切り目を入れるのを忘れずに！

夏野菜のビネガー蒸し

暑さに負けない元気をつけたいから、
夏じゅう繰り返しつくるのが、さっぱりとしたビネガー蒸し。
野菜はすべて細切りにしているので、たくさん食べられます。
温かいままでも、冷蔵庫で冷やしても。

調味料は野菜全体に回しかけ、さらに蒸す途中で一度上下を返すと、均一に味がなじみます。

1 | たまねぎは縦半分に切り、縦に薄切りにする。ピーマン、パプリカは、縦半分に切ってヘタと種を除き、斜めに5mm幅に切る。ズッキーニはヘタを除いて長さを3等分に切り、縦に5mm幅の細切りにする。にんにくも5mm幅の細切りにする。

2 | Aは混ぜ合わせておく。

3 | 厚手の鍋(ステンレスやホウロウなど酸に強いもの)に1を入れてAを全体に回しかけ、ふたをして中火にかける。煮立ったら弱めの中火にし、途中で上下を返して8分間蒸す。

材料(2～3人分)
たまねぎ　1コ(200g)
ピーマン　(大)2コ(120g)
パプリカ(赤)　1コ(200g)
ズッキーニ　(小)1本(150g)
にんにく　1かけ

A | 酢・酒・オリーブ油　各大さじ2
　 | 塩　小さじ1

● 140kcal　● 塩分2.0g　● 15分

フライパン蒸しでも ▶ P.6参照

そら豆の茶碗蒸し

具のにぎやかな茶碗蒸しもいいものですが、
旬の素材をひとつだけ入れるというのも
潔くて好きです。
初夏のおすすめは、ゆでたそら豆。
ゆり根のような食感と独特の香りが「おつ」ですよ。

材料(4〜5人分)
そら豆(さやから出す)
　30粒(約10本分)
卵液
　｜卵　2コ
　｜　｜だし　カップ1½
　｜　｜みりん　小さじ2
　A｜うす口しょうゆ
　｜　｜（またはしょうゆ）　小さじ1
　｜塩　1つまみ

あん
　｜だし　カップ½
　｜みりん　大さじ1
　｜うす口しょうゆ
　｜（またはしょうゆ）
　｜　　　　小さじ1
　｜片栗粉　小さじ½
　｜塩　少々
●塩

●60kcal　●塩分0.9g　●25分*
*そら豆の粗熱を取る時間は除く。

1 ｜ そら豆は塩少々を加えた熱湯で2分間ゆでて湯をきり、粗熱を取って薄皮をむく。

2 ｜ 卵液をつくる。ボウルに卵を割りほぐし、Aを少しずつ加え、泡立てないように混ぜる。ざるなどでこして別のボウルに入れる。

3 ｜ 耐熱の器に1のそら豆を4〜5粒ずつ入れて2を注ぎ、表面の泡を除く。残りのそら豆は飾り用にとっておく。

4 ｜ フライパンに不織布タイプの紙タオル（または布巾）を敷いて3の器をのせ、⅓ほど浸る量の熱湯を注ぐ。大きな布巾で包んだふたをして、太めの菜箸を1本はさんで隙間をつくり、強火にかける。

5 ｜ 沸騰後、2分間たったら弱火にして10分間蒸す。卵液がまだゆるければ、さらに3〜5分間蒸す。

6 ｜ 小さめの鍋にあんの材料を入れてよく混ぜ、飾り用のそら豆を加えて弱めの中火にかける。耐熱のへらで混ぜながら煮立たせ、とろみがついたら5にかける。

せいろ蒸しでも ▶ P.8参照

※弱火で15〜20分間蒸す。

薄皮をむいたそら豆を
器に入れて……

飾り用のそら豆をのせて、
あんをかければでき上がり。

菜箸で隙間をつくり、蒸気を
逃がしながらやさしく蒸します。

卵液を流します。器の大きさが
そろわなくても、まあいいか！

なすの肉巻き蒸し

なすの炒め物は、油をたくさん吸ってしまうのが難点。肉巻き蒸しなら炒め油を使わず、豚バラ肉の脂だけで満足感のあるおかずになります。「しぎ焼き」のような甘みそだれがしみて、困るくらいにビールやご飯がすすみます。

材料(3〜4人分)
なす 3コ(240g)
豚バラ肉(薄切り) 12枚(250g)
A│酒 大さじ3
 │みそ・みりん 各大さじ2
 │しょうゆ 小さじ1
青じそ 4枚
●片栗粉・塩

● 280kcal ● 塩分3.1g ● 20分

1 | なすはヘタを除いて四つ割りにし、水にサッとさらす。水けを拭き、片栗粉を薄くまぶす。

2 | 豚肉を1枚ずつ広げて塩少々をふり、1に巻きつけてフライパンに並べ入れる。

3 | **A**をよく混ぜて**2**に回しかけ、ふたをして中火にかける。煮立ったら弱めの中火にし、12分間蒸す。器に盛り、青じそをちぎって散らす。

豚肉は少しずつ重ねてクルクルと。

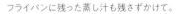

巻き終わりを下にして蒸すと、はがれません。

たれは肉の上を目がけて回しかけます。

フライパンに残った蒸し汁も残さずかけて。

春キャベツと豚肉の梅蒸し

すぐに火が通る春キャベツと
しゃぶしゃぶ用の豚肉でつくる、得意の速攻おかず。
全体をよく混ぜ、肉で野菜を巻いていただきます！

材料（2人分）
春キャベツ　½コ（500g）
豚ロース肉（しゃぶしゃぶ用）　200g
新たまねぎ　½コ（100g）
梅干し（塩分14％）　（大）2コ（40g）
白ごま　少々
●酒

●330kcal　●塩分2.2g　●15分

1｜キャベツは5mm幅の細切りにする。たまねぎは縦に薄切りにする。

2｜フライパンに1を広げ入れ、豚肉を広げてのせる。梅干しの果肉をちぎって散らし、種も加え、酒大さじ4を回しかける。

3｜ふたをして中火にかけ、煮立ったら弱めの中火にして6分間蒸す。梅干しの種を除き、器に盛って白ごまをふる。

いつもは気取らず、フライパンの中でよーく混ぜ合わせてから盛っています。

レタスと豚肉の
黒酢オイスター蒸し

ピーマンと豚肉のしょうがオイスター蒸し

ピーマンは薄めの輪切りにすると、豚肉によくからみます。酢としょうがで、オイスターソースのコクを軽やかに。

材料（2人分）
ピーマン（赤・緑）　各2コ（160g）
豚バラ肉（しゃぶしゃぶ用）　180g
しょうが（せん切り）　1かけ分
A ┃ オイスターソース　大さじ2
　 ┃ しょうゆ・酢・酒・ごま油　各小さじ2

● 410kcal　● 塩分3.1g　● 10分

1 | ピーマンはヘタと種を取り、5mm厚さの輪切りにする。豚肉は大きければ食べやすく切る。
2 | Aは混ぜ合わせる。
3 | フライパンにピーマンを広げ入れ、豚肉を広げてのせる。しょうがを散らしてAを回しかけ、ふたをして中火にかける。煮立ったら弱めの中火にし、5分間蒸す。

レタスはザックリと手で割ればOK！豚肉を合わせてサッと蒸し、丸ごと1コを食べきります。

材料（2人分）
レタス（小）1コ（150g）
豚ロース肉（しゃぶしゃぶ用）　150g
にんにく　2かけ
赤とうがらし　½本
A ┃ 黒酢・オイスターソース　各大さじ1
　 ┃ しょうゆ　小さじ2
　 ┃ ごま油　大さじ1
● 塩

● 280kcal　● 塩分2.3g　● 15分

1 | レタスは芯を除いて2～3等分に割り、軽くばらす。豚肉は塩少々をふる。
2 | にんにくは薄切りにする。赤とうがらしはヘタと種を除き、小口切りにする。
3 | フライパンにレタスと豚肉を交互に重ね、2を散らす。Aを回しかけ、ふたをして強めの中火にかける。煮立ったら中火にし、3～5分間蒸す。

とうもろこしと鶏肉の粒マスタード蒸し

フライパン蒸しの調味料として、粒マスタードを大抜擢。
肉はさっぱり、とうもろこしは甘みがグッと引き立ちます。

材料(2人分)
とうもろこし　1本(300g)
鶏もも肉　300g
A ┃ にんにく(すりおろす)　1かけ分
　 ┃ 白ワイン　大さじ2
　 ┃ 粒マスタード・オリーブ油　各大さじ1
　 ┃ しょうゆ　小さじ2
　 ┃ 塩　小さじ½
●塩・黒こしょう(粗びき)

●460kcal　●塩分3.3g　●15分

1 | とうもろこしは長さを半分に切って包丁で実をそぐ。鶏肉は好みで皮を除き、4cm角に切って塩少々をふる。

2 | Aは混ぜ合わせる。

3 | フライパンに1を広げ入れてAを回しかけ、ふたをして中火にかける。煮立ったら弱めの中火にして8分間蒸し、器に盛って黒こしょう少々をふる。

1 │ なすはヘタを除いて1cm厚さの輪切りにし、水にサッとさらして水けをきる。トマトはヘタを除き、横に1.5cm厚さの輪切りにする。

2 │ ボウルにひき肉を入れ、**A**を加えてよく練り混ぜる。

3 │ フライパンになすを並べ入れ、**2**を平らに広げ、トマトをのせる。

4 │ **B**を混ぜ合わせて**3**に回しかけ、ふたをして中火にかける。煮立ったら弱めの中火にして10分間蒸し、パセリと黒こしょう少々をふる。

材料（2人分）
なす　3コ（210g）
トマト　（大）1コ（200g）
豚ひき肉（または合いびき肉）　200g
A ┃ たまねぎ（粗みじん切り）　½コ分（100g）
　 ┃ 片栗粉　小さじ2
　 ┃ 塩　小さじ⅔
B ┃ ウスターソース　大さじ1½
　 ┃ 白ワイン　大さじ1
　 ┃ オリーブ油　小さじ2
パセリ（みじん切り）　少々
●黒こしょう（粗びき）

●330kcal　●塩分3.2g　●20分

なす、トマト、豚ひき肉の重ね蒸し

甘く柔らかく蒸されたトマトをくずして、ソースがわりに。
蒸し汁にもパンを浸して召し上がれ。

ゴーヤーの穴に片栗粉をまぶすときは、はけを使うとスムーズ。

ゴーヤーは余ってもよいので、肉ダネをたっぷり詰めることを優先。

肉ダネの中心まで火が通り、弾力が出ていればOK。まだなら紙の下に湯を足して、さらに2〜3分間蒸します。

ゴーヤーの肉詰め蒸し

立派なゴーヤーが出回りはじめたら、「輪切り」よりもダイナミックな「筒切り」にして、ひき肉をたっぷり詰めて蒸します。たたいた梅干しを肉ダネに混ぜ込むのも、夏らしいポイントです。

材料（3〜4人分）
ゴーヤー　1本（250g）
豚ひき肉　150g
たまねぎ　½コ（50g）
しょうが　1かけ
梅干し（塩分14%）　（大）2コ（40g）
A｜みりん　大さじ1
　｜しょうゆ・片栗粉　各小さじ2
白ごま　少々
●片栗粉

●120kcal　●塩分1.5g　●30分*

＊ゴーヤーを水にさらす時間は除く。

1｜ゴーヤーは両端を切り落として4cm長さに切り、ワタを除く。10分間ほど水にさらして水けをきり、内側に片栗粉を薄くまぶす。

2｜たまねぎ、しょうがはみじん切りにする。梅干しは種を除き、果肉をたたく。

3｜ボウルにひき肉と2、Aを入れてよく練り混ぜる。1の内側にたっぷりと詰める。

4｜オーブン用の紙をフライパンの縁まで立ち上がるくらいの大きさに切って敷き、3を並べ入れる。肉ダネのないゴーヤーも、あれば一緒に並べる。

5｜紙の下に水カップ1½を注ぎ、ふたをして中火にかける。煮立ったら弱めの中火にして18分間蒸す。器に盛り、白ごまをふる。

せいろ蒸しでも ▶ P.8参照

※強火で15分間蒸す。

えびのジンジャー蒸し

82

刻んだねぎとしょうがを
たっぷり。えびの上に
のせて蒸します。

紹興酒は、もち米を主原料とした中国
の醸造酒です。褐色の見た目のとおり、
コクと甘みがあって、えびによく合う！

身近で手に入りやすいバナメイえびやブラックタイガーに明確な旬はありませんが、ビールにピッタリなので、春夏おかずの仲間に入れました。たっぷりのしょうがとともに味の決め手となっているのが、紹興酒。これはほかのお酒にはかえられないので、ぜひ手に入れてください。フライパンのふたを開けた瞬間、「ここは台湾？それとも香港？」という気分になること、うけ合い！

材料（2〜3人分）
えび（殻付き／無頭）　8匹（400g）
ねぎ　½本（50g）
しょうが　（大）1かけ
A ｜ 紹興酒　カップ½
　 ｜ しょうゆ・ごま油　各大さじ1
　 ｜ 塩　小さじ⅓
パクチー（ザク切り）　適量
●片栗粉

● 150kcal　● 塩分2.0g　● 25分

1 ｜ えびは背ワタを除いて片栗粉大さじ2をもみ込み、流水で洗って水けを拭く。

2 ｜ ねぎ、しょうがはみじん切りにする。Aは混ぜ合わせておく。

3 ｜ フライパンに1を入れてAを回しかけ、ねぎとしょうがを広げてのせる。ふたをして中火にかけ、煮立ったら弱火にして4分間蒸す。

4 ｜ 火を止めて10分間ほど蒸らし、汁ごと器に盛ってパクチーを添える。

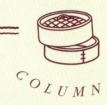

COLUMN

せいろがあれば……

しまう場所がない。お手入れが難しそう。そんな理由で、せいろを手に入れることをためらっている人も多いと聞きます。この本でご紹介したように、フライパンでもいろいろな蒸し物はできますが、「せいろならでは」の楽しさやメリットもいっぱい。一組あると、暮らしが豊かになります。

天然素材のせいろは、そのまま食卓に出しても絵になる、味わい深い道具。大人数分のおかずを盛るお皿や鉢がなくても、せいろごと供すれば趣のあるごちそうになります。

特に盛り上がるのは、華やかな野菜の前菜。見栄えがよいのもさることながら、せいろで蒸す間は手が離せるので、同時にほかの料理の準備ができて助かります。初めて買うのなら、直径24cmのものが使いやすくておすすめです。

84

ちょっと珍しいカラフル野菜も加えて華やかに。こんなおもてなしをしたお客様のなかから、何人ものせいろファンが誕生しました！

ハレの日の テーブルに

調味料はおいしい塩と油だけ。季節のかんきつを搾れば完璧です。

お赤飯はせいろで

お祝いの日に欠かせないお赤飯も、せいろの得意料理の一つです。炊飯器でもつくれるけれど、やっぱりもち米は蒸すに限る！ でき上がりの「粒だち」とモチモチ感が違います。
豆をゆでたり、もち米にゆで汁を吸わせたりと、それなりに手がかかるものではありますが、その分、お祝いの心が込められるようにも思います。上手にできるので、繰り返しつくりたくなりますよ。

1 | ささげはサッと洗って鍋に入れ、たっぷりの水を加えて中火にかける。沸騰直前にざるに上げてサッと水にさらし、水けをきる。

2 | 1を鍋に戻し入れ、水カップ4を加えて中火にかける。煮立ったら弱火にし、ふたをして25〜30分間ゆでる。指でつぶせるくらいの柔らかさになったら、ボウルで受けたざるに上げ、豆とゆで汁に分けて冷ます。

3 | もち米は洗ってざるに上げる。2のゆで汁からカップ1/2を取り分け、残りのゆで汁にもち米をつけて1時間ほどおく。

材料（2〜3人分）
もち米　360㎖（2合）
ささげ*（または小豆）　50〜60g
黒ごま　適量
●塩

●400kcal　●塩分2.2g　●1時間30分**

*小豆によく似た赤色の豆。小豆よりやや角張った形で、皮が破れにくいのが特徴。
**ささげとゆで汁を冷ます時間、もち米をゆで汁につける時間は除く。

豆がゆで上がったら、ゆで汁と分けて冷まします。もち米にこのゆで汁を吸わせると、シックな赤色に。

まずはもち米だけを蒸します。

もち米の上下を返して混ぜ……

ゆでた豆を広げて蒸し上げます。

お赤飯

実家で覚えたお赤飯には、小豆ではなく、ささげが使われていました。皮が破れにくく「腹割れ」しないから縁起がよい、という説も。

4 | 3のもち米をざるに上げて汁けをきり、オーブン用の紙を敷いたせいろに入れる。3で取り分けたゆで汁に塩小さじ1を加えて混ぜ、その半量をもち米全体にふってふたをする。たっぷりの湯を沸かした鍋にのせ、強火で25分間蒸す。

5 | ふたを取ってサックリと混ぜ、2の豆を広げてのせる。4の残りのゆで汁をふり、再びふたをしてさらに15分間蒸す。サックリと混ぜて器に盛り、黒ごま、塩少々をふる。

冷やご飯はせいろで温め直すと、炊きたてのおいしさがよみがえります。オーブン用の紙で仕切れば、おかずと同時に温めても大丈夫。電子レンジのように時間をきっちり計らなくても、温めすぎてカチカチになることはありません。

おかずや
ご飯の温め直しに

ミニせいろも便利です。

使い終わったせいろは、固く絞ったぬれ布巾で拭くか、流水でサッと洗って水けをよく拭き、陰干しに。よく乾かさないとカビがつくので、その点だけは注意が必要ですが、しまい込まずに風通しのよい場所に置いてこまめに使うのが、長もちさせる秘訣(ひけつ)です。キッチンのアクセントにもなり、見ているだけで気分が上がりますよ。

うちのせいろの定位置はここ！

見えるところに置いて、
こまめに使う

COLUMN

88

おやつも蒸して

フライパンやお鍋で気軽につくれる、蒸しおやつ。
あったかくてナチュラルな味わいに、
心がホワッとなごみます。
湯気が立っている間のワクワク感。
ふたを開けたときの幸福感。
できたてを口にする前から、
おいしい時間は始まっています。

実は、これが私のイチおし。堅くなったドライフルーツが「新品以上」に。

食感が堅めで酸っぱいタイプのりんごがおすすめです。

ここに水を加えてふたをします。

バナナも紙でグルグルと。

蒸しフルーツ

身近なフルーツをオーブン用の紙で包んで、蒸して。
甘みが足りないりんごやバナナもリッチなスイーツになります。
ドライフルーツのおいしさは、まるで別物!

1 | りんごはよく洗って水けを拭き、皮ごと縦半分に切る。バナナは皮ごと洗って水けを拭く。それぞれオーブン用の紙で包み、端をしっかりとひねる。ドライいちじくも同様に包む。

2 | 厚手の鍋に**1**を入れ、周りに水カップ1½を注ぎ、ふたをして中火にかける。沸騰したら弱めの中火にし、12分間蒸す。

3 | 紙を外し、バナナは皮を1か所、縦にむく。器に盛り、好みでホイップクリームを添えるか、シナモンをふる。

せいろ蒸しでも ▶ P.8参照

※強火で8分間蒸す。

材料(つくりやすい分量)
りんご　1コ
バナナ　1本
ドライいちじく*　(大)4コ
ホイップクリーム・シナモンパウダー　各適宜

りんご　●110kcal(1コ分)**　●塩分0g(1コ分)**　●15分
バナナ　●90kcal(1本分)　●塩分0g(1本分)　●15分
ドライいちじく　●40kcal(1コ分)　●塩分0g(1コ分)　●15分

*ほかのドライフルーツでもよい。
**ホイップクリームは除く。

蒸しパン

黒砂糖の甘みと香りに懐かしさを覚える、素朴な蒸しパン。
卵も油も加えないので、食べ心地が軽やかです。
牛乳のかわりに豆乳を使うと、しっとり、モチモチとした生地に。

材料(直径7.5×高さ4cmのプリン型4コ分)
薄力粉　100g
ベーキングパウダー　小さじ1
黒砂糖(粉末)　50g
無調整豆乳　カップ1/2

● 140kcal(1コ分)　● 塩分0.2g(1コ分)　● 20分

1 | 薄力粉とベーキングパウダーは合わせてふるう。
2 | 黒砂糖に豆乳を加え、よく混ぜて完全に溶かす。
3 | 大きめのボウルに**1**を入れ、中央をくぼませて**2**を注ぎ、泡立て器で混ぜる。粉っぽさがなくなったら、紙カップを敷いた型に等分に流し入れる。
4 | フライパンに不織布タイプの紙タオル(または布巾)を敷いて**3**をのせ、型が1/3ほど浸る量の熱湯を注ぐ。大きな布巾で包んだふたをして強めの中火にかけ、沸騰したら弱めの中火にして10分間蒸す。

せいろ蒸しでも ▶ P.8参照
※強火で8分間蒸す。

黒砂糖を溶かした豆乳を、中央のくぼみの中へ少しずつ……

最初の数分間の蒸気で生地をふくらませることが大切なので、水ではなく、熱湯を注いで火にかけます。

粉が見えなくなればOK！

周りの粉をくずしながら混ぜていきます。

豆乳プリン

台湾で人気の「豆花(トウファ)」は、
豆乳をフワフワに固めたスイーツ。
豆乳と卵を合わせて蒸したら、豆花とプリンのいいとこどりで、
栄養たっぷりのおやつができ上がりました。
できたてでも、冷たくしても。

耐熱の器やプリン型など、好みの容器で。きょうは大きめのカフェオレボウルで2コ蒸します。

材料(2〜4コ分)
卵　2コ
卵黄　1コ分
無調整豆乳　カップ2
てんさい糖(または砂糖)　70g
メープルシロップ　適量

● 170kcal*　● 塩分0.1g*　● 30分

*4コ蒸した場合の1コ分。

1 | ボウルに卵を割り入れ、卵黄を加えて泡立て器で混ぜる。

2 | 小さめの鍋に豆乳とてんさい糖を入れ、中火にかける。耐熱のへらで混ぜながら40〜50℃に温め、てんさい糖が溶けたら1に少しずつ注いで混ぜる。均一になったらざるでこし、耐熱の器に等分に入れる。

3 | フライパンに不織布タイプの紙タオル(または布巾)を敷いて2をのせ、器が⅓ほど浸る量の熱湯を注ぐ。大きな布巾で包んだふたをして、太めの菜箸を1本はさんで隙間をつくり、強めの中火にかける。

4 | 沸騰後、2分間たったら弱火にし、10分間(4コに分けて蒸す場合は8分間)蒸す。火を止めてそのまま5分間おき、メープルシロップをかける。

せいろ蒸しでも ▶ P.8参照

※強火で2分間、弱火にして10分間蒸し、火を止めて5分間おく。

メープルシロップをたっぷりかけて。はちみつや黒みつも合いそうです。

ワタナベマキ

料理研究家。大学時代にデザインを学び、広告代理店勤務、グラフィックデザイナーを経て料理の道に。祖母や母から受け継いだ味、梅干しや乾物といった昔ながらの食材を大切にしながら、忙しい現代の暮らしに寄り添うシンプルレシピを提案している。旬の野菜がたっぷりとれて失敗の少ない「蒸し料理」は、十八番のジャンルの一つ。テレビ、ラジオ、雑誌、オンライン料理教室やSNSなど活動の場は幅広く、『ワタナベマキの梅料理』『ワタナベマキのいまどき乾物料理』(いずれもNHK出版)ほか、著書も多数。
https://maki-watanabe.com

ワタナベマキの
サッと蒸し、ほっこり蒸し

2024年10月20日　第1刷発行
2025年 6月20日　第4刷発行

著者	ワタナベマキ
	©2024　Watanabe Maki
発行者	江口貴之
発行所	NHK出版
	〒150-0042　東京都渋谷区宇田川町10-3
	電話　0570-009-321(問い合わせ)
	0570-000-321(注文)
	ホームページ　https://www.nhk-book.co.jp
印刷	DNP出版プロダクツ
製本	藤田製本

乱丁・落丁本はお取り替えいたします。
定価はカバーに表示してあります。
本書の無断複写(コピー、スキャン、デジタル化など)は、著作権法上の例外を除き、著作権侵害となります。

Printed in Japan
ISBN978-4-14-033332-7 C2077

Staff

ブックデザイン	高田明日美
	(Permanent Yellow Orange)
撮影	宮濱祐美子
	野口健志、福尾美雪
スタイリング	坂上嘉代
	池水陽子、佐々木カナコ、肱岡香子
調理助手	伊藤雅子、小西奈々子
校正	円水社
栄養計算	ヘルスプランニング・ムナカタ
編集協力	小林美保子
	日根野晶子
	片岡 愛
編集	奈良結子
	渡邉涼子(NHK出版)
	山田葉子(NHK出版)